María Isabel Sánchez Vegara

Little People, BIG DREAMS®

J. R. R. TOLKIEN

Aus dem Englischen
von Silke Kleemann
Illustriert von Aaron Cushley

Insel Verlag

Als John Ronald Reuel drei Jahre alt war, brach seine Mutter mit ihm nach England auf. Er freute sich, dort seine Großeltern kennenzulernen. Doch während sie fort waren, starb sein Vater. Ronald kehrte nie wieder in seine erste Heimat, Südafrika, zurück.

Seine Mutter brachte ihm Lesen und Schreiben bei. Er wollte gern wissen, wo die Wörter und Sprachen herkamen.

Viel Freude machte ihm auch die Natur, in der sie lebten. Er malte gern majestätische Bäume und prächtige Landschaften.

Als sie in die Stadt umzogen, kam es Ronald so vor, als sei die Natur ihm für immer genommen worden. Nachts erträumte er sich eine phantastische Welt, in der auf den Gräbern von Helden magische Blumen wuchsen.

Stundenlang beschäftigte Ronald sich damit, eigene Sprachen zu erfinden. Die erste nannte er Naffarin, wieder und wieder sagte er sich ihre Wörter vor. Die sollten nicht nur schön klingen, er gab auch jedem Wort eine Bedeutung.

Nach dem Tod ihrer Mutter kamen Ronald und sein Bruder in die Obhut von Pater Francis, einem Freund der Familie. Er sorgte für eine gute Erziehung. An der King-Edward-Schule traf Ronald drei besondere Jungen: Rob, Geoffrey und Christopher.

Sie wurden Freunde und gründeten einen Geheimclub. Jeden Nachmittag trafen sie sich und lasen einander Gedichte und Geschichten vor. Bei einem dieser Treffen beschloss Ronald, so viel wie möglich über den Ursprung der Sprachen zu lernen.

Er studierte mit einem Stipendium in Oxford Englisch, als der Erste Weltkrieg ausbrach. Einer nach dem anderen wurden seine Freunde und schließlich auch er an die Front geschickt. Nach Kriegsende waren nur noch Ronald und Christopher übrig.

Ronald heiratete Edith, seine große Liebe. Sie bekamen vier Kinder, für die er phantasievolle Geschichten schrieb. Eines Abends las er ihnen eine Erzählung über einen ganz besonderen Helden vor: Das war der Hobbit.

Nicht nur seine Familie liebte diese Geschichte! Als *Der Hobbit* erschien, kam das Buch so gut an, dass alle nach mehr verlangten. Der Verleger drängte Ronald, sofort weiterzuschreiben, und er machte sich unverzüglich an die Arbeit.

Zwölf Jahre brauchte er, um die 9250 Seiten von *Der Herr der Ringe* zu vollenden. Eine Heldensaga, in der Hobbits, Zwerge, Elben, Zauberer und Menschen sich zusammentun, um die von Ronald erfundenen Länder von »Mittelerde« zu retten.

Das Buch war so dick, dass es in drei Bänden veröffentlicht werden musste. Die Leser verschlangen sie, fasziniert von dieser außergewöhnlichen Welt voller packender Legenden. Dort konnte der kleinste und gewöhnlichste von allen zum Helden werden.

BIBLIOTHEK

Ronalds Welt wurde immer größer – in seinem Kopf und auf den Seiten seines Buchs *Das Silmarillion*. Dieses Werk konnte nie zum Abschluss gebracht werden, weil das Ende einer Geschichte stets der Beginn einer neuen war.

DAS
ENDE...?

Der kleine John Ronald Reuel schrieb immer weiter, sein Leben lang, denn er liebte, was er tat. So erschuf er nicht nur Geschichten, sondern eine ganze neue Welt, in die ihm Fantasyfans bis heute begeistert folgen.

J.R.R. TOLKIEN

(3.1.1892–2.9.1973)

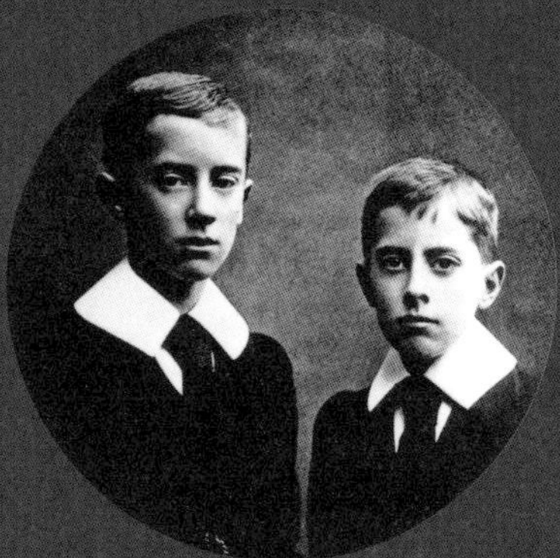

Mit seinem Bruder Hilary Arthur Reuel

1905

Als Soldat in Uniform

1916

Mit etwa 46 Jahren

ca. 1938

John Ronald Reuel Tolkien (der Name kommt vom deutschen Wort »tollkühn«) wird 1892 in Bloemfontein im heutigen Südafrika geboren, wo sein Vater Arthur Bankdirektor ist. Während der dreijährige Ronald mit seiner Mutter Mabel und seinem jüngeren Bruder Hilary die Großeltern in England besucht, stirbt überraschend der Vater. Die Familie bleibt daraufhin für vier Jahre in dem malerischen Dorf Sarehole in der Nähe von Birmingham. Mabel unterrichtet die Jungen selbst, unter anderem in Latein, Französisch, Botanik und Zeichnen. Auch ihre Liebe zu Natur und Literatur gibt sie an die beiden weiter. Damit Ronald eine gute Schule besuchen kann, ziehen sie dann jedoch nach Birmingham. Ronald ist erst 12, als auch die Mutter stirbt und der katholische Pater Francis Morgan zum Vormund für die Brüder wird. Schon zu dieser Zeit erfindet Ronald eigene Sprachen, und bald darauf versucht er, dazu passende Legenden zu entwerfen. Er merkt, dass eine Sprache nur stimmig werden kann, wenn man weiß, wer sie spricht. Auch Namen sind von großer Be-

In seinem Arbeitszimmer

1955

Mit etwa 76 Jahren

1968

Unter einem seiner Lieblingsbäume

1970

deutung – ein starker Name erzeugt unweigerlich eine Geschichte! Einige Jahre später kann Ronald mit einem Stipendium nach Oxford gehen, wo er Altenglisch und Sprachwissenschaft studiert. Der Verlust von zwei seiner engsten Freunde im Ersten Weltkrieg spornt ihn an, noch ernsthafter an seinen »verschollenen Geschichten« zu arbeiten, aus denen viel später *Das Silmarillion* wird. Als Professor für englische Literatur und Sprache verbringt er den Großteil seines Lebens mit seiner Frau Edith und den vier Kindern in Oxford. Für sie schreibt er jeden Winter *Briefe vom Weihnachtsmann* und weitere phantastische Geschichten. Darunter auch *Der Hobbit*, der 1937 mit großem Erfolg erscheint. Am Folgewerk, dem *Herrn der Ringe*, arbeitet er 12 Jahre lang und fertigt zudem komplexe Landkarten und Kalligraphien an, die seine Welt Mittelerde noch lebendiger erscheinen lassen. Ob als Buch, Film oder Serie, seine Geschichten fesseln bis heute ein Millionenpublikum und haben J.R.R. Tolkien zum Urvater der modernen Fantasy gemacht.

Little People, BIG DREAMS®

www.insel-verlag.de/littlepeoplebigdream

MUHAMMAD ALI

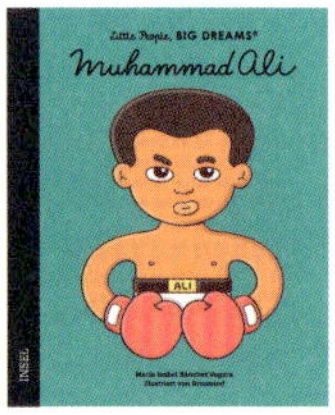

ISBN 978-3-458-17834-7

MAYA ANGELOU

ISBN 978-3-458-17852-1

HANNAH ARENDT

ISBN 978-3-458-17831-6

DAVID ATTENBOROUGH

ISBN 978-3-458-17949-8

JANE AUSTEN

ISBN 978-3-458-17830-9

RUTH BADER GINSE

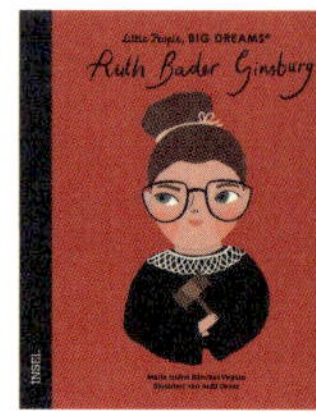

ISBN 978-3-458-17955

JOSEPHINE BAKER

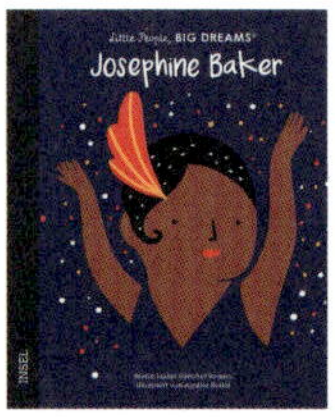

ISBN 978-3-458-17976-4

PINA BAUSCH

ISBN 978-3-458-17835-4

SIMONE DE BEAUVOIR

ISBN 978-3-458-17887-3

DAVID BOWIE

ISBN 978-3-458-17854-5

LOUISE BOURGEOIS

ISBN 978-3-458-17953-5

COCO CHANEL

ISBN 978-3-458-17798

AGATHA CHRISTIE

ISBN 978-3-458-17837-8

MARIE CURIE

ISBN 978-3-458-17794-4

CHARLES DARWIN

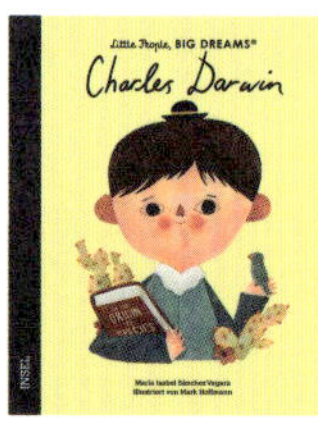

ISBN 978-3-458-64362-3

PRINCESS DIANA

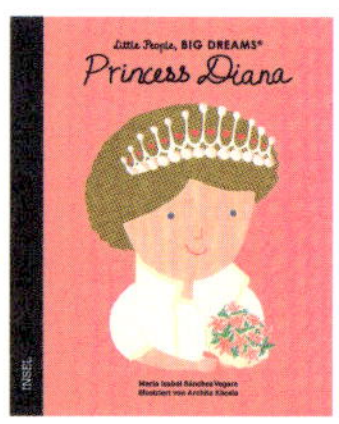

ISBN 978-3-458-64375-3

BOB DYLAN

ISBN 978-3-458-17885-9

AMELIA EARHAR

ISBN 978-3-458-17795-

ALBERT EINSTEIN

ISBN 978-3-458-64305-0

ELLA FITZGERALD

ISBN 978-3-458-17829-3

ANNE FRANK

ISBN 978-3-458-17809-5

ARETHA FRANKLIN

ISBN 978-3-458-64281-7

MAHATMA GANDHI

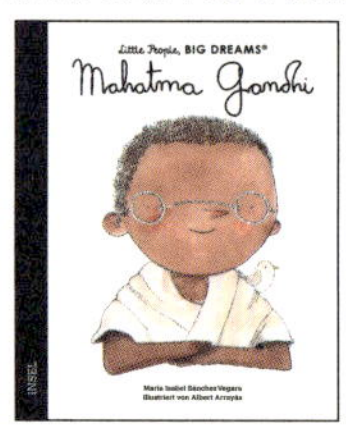

ISBN 978-3-458-17855-2

JANE GOODALL

ISBN 978-3-458-17832-

AMANDA GORMAN

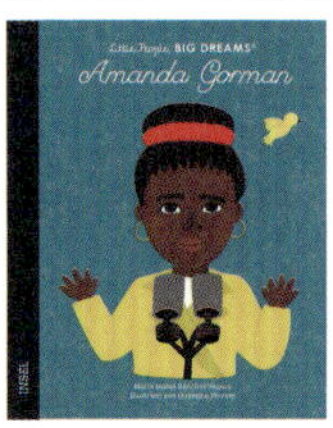

ISBN 978-3-458-64283-1

ZAHA HADID

ISBN 978-3-458-17888-0

KAMALA HARRIS

ISBN 978-3-458-17983-2

STEPHEN HAWKING

ISBN 978-3-458-17836-1

AUDREY HEPBURN

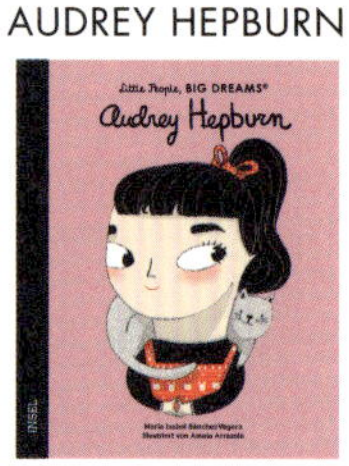

ISBN 978-3-458-17913-9

ALEXANDER VON HUM

ISBN 978-3-458-64333-

STEVE JOBS

N 978-3-458-17977-1

ELTON JOHN

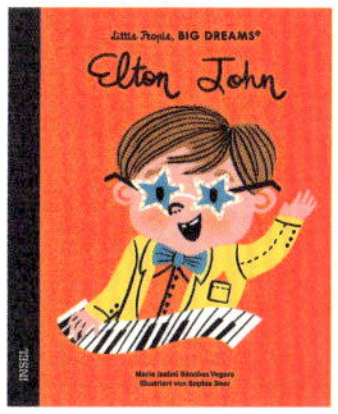

ISBN 978-3-458-17951-1

MICHAEL JORDAN

ISBN 978-3-458-17984-9

FRIDA KAHLO

ISBN 978-3-458-17797-5

GEORGIA O'KEEFFE

ISBN 978-3-458-17978-8

MARTIN LUTHER KING

ISBN 978-3-458-17886-6

HEDY LAMARR

N 978-3-458-64312-8

BRUCE LEE

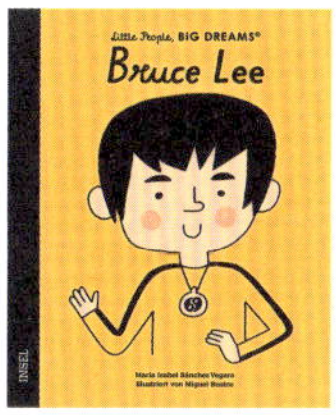

ISBN 978-3-458-17912-2

JOHN LENNON

ISBN 978-3-458-64331-9

ASTRID LINDGREN

ISBN 978-3-458-17853-8

ADA LOVELACE

ISBN 978-3-458-17914-6

NELSON MANDELA

ISBN 978-3-458-17985-6

ARILYN MONROE

N 978-3-458-17986-3

MARIA MONTESSORI

ISBN 978-3-458-17833-0

RUDOLF NUREJEW

ISBN 978-3-458-17856-9

MICHELLE OBAMA

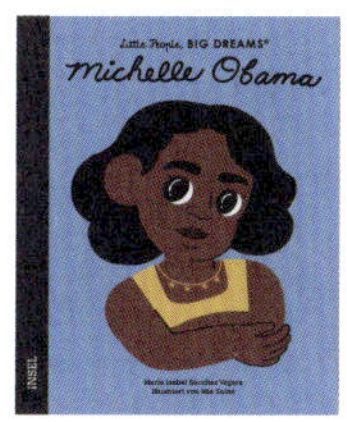

ISBN 978-3-458-17954-2

YOKO ONO

ISBN 978-3-458-17987-0

JESSE OWENS

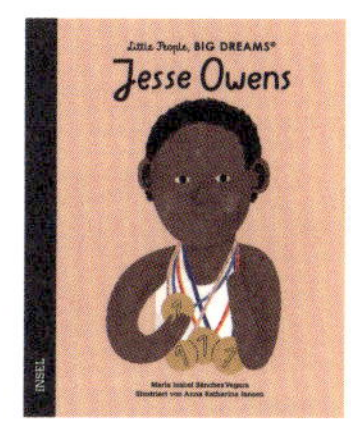

ISBN 978-3-458-17952-8

ROSA PARKS

N 978-3-458-17793-7

PELÉ

ISBN 978-3-458-17921-4

PABLO PICASSO

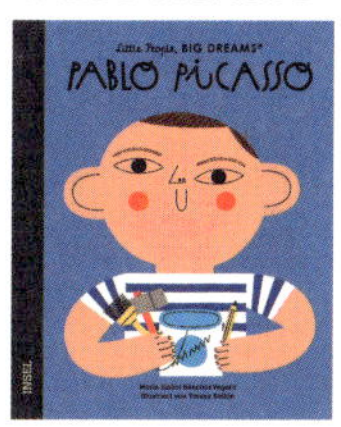

ISBN 978-3-458-17988-7

PRINCE

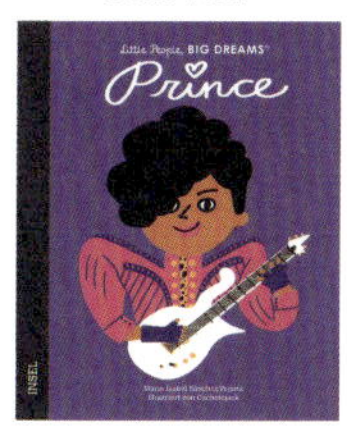

ISBN 978-3-458-17979-5

QUEEN ELIZABETH

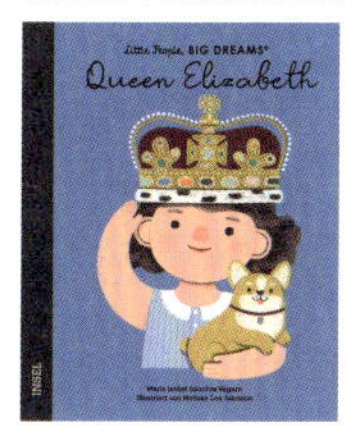

ISBN 978-3-458-64306-7

MEGAN RAPINOE

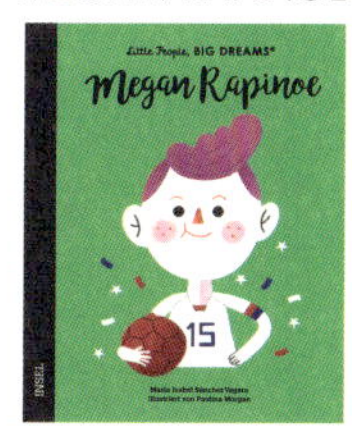

ISBN 978-3-458-17980-1

RTON SENNA

N 978-3-458-64282-4

ERNEST SHACKLETON

ISBN 978-3-458-17981-8

SHAKIRA

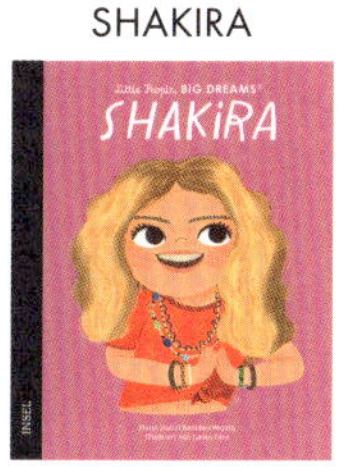

ISBN 978-3-458-64374-6

MARY SHELLEY

ISBN 978-3-458-17922-1

GRETA THUNBERG

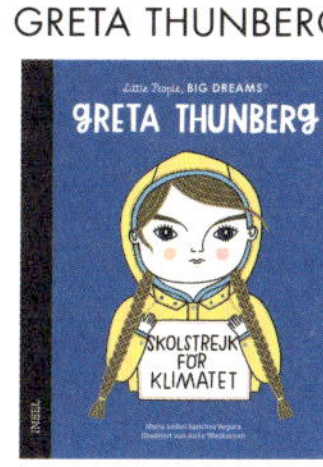

ISBN 978-3-458-17870-5

J.R.R. TOLKIEN

ISBN 978-3-458-64311-1

RRIET TUBMAN

N 978-3-458-17923-8

ALAN TURING

ISBN 978-3-458-17884-2

VIVIENNE WESTWOOD

ISBN 978-3-458-17857-6

MALALA YOUSAFZAI

ISBN 978-3-458-64332-6

Die Originalausgabe erschien 2022 unter dem Titel
Little People, Big Dreams J. R. R. TOLKIEN
bei Frances Lincoln Children's Books,
einem Imprint von The Quarto Group, London.

Erste Auflage 2023

Bildnachweis: Alamy, Abington: 1916 (Archivo GBB), ca. 1938 (Ian Dagnall
Computing); Getty Images, München: 1955 (Haywood Magee/Stringer);
picture-alliance, Frankfurt am Main: 1968 (dpa/Ho), 1970 (Photoshot);
1905 aus: Humphrey Carpenter, J.R.R. Tolkien, London, 1977
Konzept der Originalserie von María Isabel Sánchez Vegara,
erschienen bei Alba Editorial, S.L.U.
Produziert unter Lizenz von Frances Lincoln Children's Books, einem
Imprint von The Quarto Group. 1 Triptych Place, London SE1 9SH,
United Kingdom. T: +44 (0) 20 7700 6700 www.quarto.com

Umschlaggestaltung: Joel Dalmau mit einem Motiv von Aaron Cushley
Druck: optimal media GmbH, Röbel/Müritz
Printed in Germany
ISBN 978-3-458-64311-1

www.insel-verlag.de

Dieses Buch wurde klimaneutral produziert.

PARTNER
Naturpark
Nossentiner / Schwinzer Heide
www.optimal-media.com/naturschutzprojekt-001